시간은 존재하는가?

LE TEMPS EXISTE-T-IL?
by Étienne Klein

민음 바칼로레아 038

시간은
존재하는가?

에티엔 클렝 I 김기윤 감수 I 이수지 옮김

민음in

● 일러두기

1 본문 가장자리에 있는 사과 🍎 는 이 책을 통해 반드시 이해해야 하는
   핵심 개념을 표시한 것입니다.
2 본문 아래쪽의 주는 독자들이 본문 내용을 쉽게 이해할 수 있도록 한국어판에 특별히 붙인 것입니다.
3 인명 및 지명 표기는 한글 맞춤법 통일안 및 외래어 표기 규정을 따랐습니다.
4 본문에 사용한 부호 및 기호의 뜻은 다음과 같습니다.
   ― 전집, 단행본: 『 』
   ― 신문, 잡지: 〈 〉
   ― 개별 작품, 논문, 기사: 「 」

차례

내 당신들에게 스칸디나비아의 안개를 뿌리리라.

——마르셀 에메

질문 : 시간은 존재하는가?

도대체 시간이란 무엇일까? 과연 시간이란 것이 존재하기는 할까?

인간의 사유가 시작된 이후의 역사만큼이나 오래된 이 물음에 대해 사람들은 오랫동안 그 답을 기다려 왔다. 그렇다면 답을 하는 데 왜 이리 뜸이 드는 걸까? 그것은 시간은 그 본질이

● ● ●

마르셀 에메(1902~1967) 프랑스의 소설가이자 극작가, 수필가. 기상천외한 발상으로 유명하다. 하지만 그런 이야기가 진지하지 못한 것으로 여겨져 오랫동안 이류 작가 대우를 받았다. 그러다가 뒤늦게야 가벼운 풍자와 이야기의 대가로 인정받게 되었다. 대표적인 작품으로 소설 『녹색의 암말』, 아동 문학 『나무에 오른 고양이 이야기』, 희곡 『클레랑바르』 등이 있다.

무엇인지 알려 드는 순간 우리들 눈앞에서 의문의 안개 속으로 사라져 버리기 때문이다.

무엇보다 '시간' 이란 말은 매우 포괄적이다. 그래서 시간을 구체적인 단어로 설명해 놓은 사전을 들여다보더라도, 여러 표제어들과 어울려 있거나 여기저기 참조 표시를 해 놓아 복잡하기 그지없다. 또 지속이나 연속, 움직임, 변화 등 애매한 동의어들로 위장되어 있게 마련이다.

뒤에서도 보겠지만, 시간이란 개념은 논리적인 잣대로 분석해 보면 엄청난 모순들로 산산이 부서지고 만다. 또 수식으로 만들면 제 맛을 잃고 그 혼이 사라져 버린다. 때문에 시간에 대해 사유하는 것은 마치 바다를 일구는 것처럼 까마득한 작업이 된다.

그래도 마냥 넋 놓고 있을 수는 없는 일. 먼저 시간이라는 단어에 대해 살펴보도록 하자.

블레즈 파스칼˚의 『팡세』에 따르면, 시간은 '원초적인' 단어이다. 왜냐하면 세상을 묘사하려면 시간이라는 개념이 꼭 필요하기 때문이다. 물체, 사건, 감정, 이야기를 시간의 틀 안에 맞춰 넣지 않고 어떻게 우리가 한 물체를 인식하고 사건을 이야기하며 감정을 표현할 수 있겠는가?

일상적으로 우리가 쓰는 말에서 시간이라는 단어를 삭제하는 것은 사실상 우리 입을 꿰매어 닫아 버리는 것이나 마찬가지이다.

이 짧은 단어가 우리가 일상에서 늘 쓰는 표현에서 얼마나 큰 자리를 차지하는지만 봐도 잘 알 수 있다. 뿐만 아니라 문학이나 철학, 과학, 시, 심지어 우리가 복에 겨워 잊고 살아가는 사랑의 허무함, 인생의 덧없음, 언젠가는 반드시 올 죽음에 관하여 노래하는 대중가요의 가사에도 시간은 빠짐없이 등장한다.

하지만 시간이라는 단어만 가지고는 시간이 무엇인지 알 수가 없다. 이미 1,500년 전에 성 아우구스티누스˚가 지적했다시피, 이러한 현실의 문제점은 여전히 속수무책으로 남아 있다.

● ● ●

블레즈 파스칼(1623~1662) 프랑스의 수학자이자 물리학자, 철학자. 밀폐된 용기 내의 액체나 기체 일부에 가해진 압력은 유체 내의 모든 곳에 똑같이 전달된다는 파스칼의 원리를 발견했으며 적분법을 만들었다. 생전에도 신앙과 철학에 관한 여러 가지 책을 출간했으며, 『그리스도교를 위한 변증론』을 집필하다가 사망했다. 사후 가까운 친척과 친구들이 그가 집필하던 원고를 모아 출간한 것이 바로 그의 대표작인 『팡세』이다.

성 아우구스티누스(354~430) 로마의 주교이자 성인. 초대 그리스도교 교회가 낳은 위대한 철학자이자 사상가. 그리스도교의 고대 교부 가운데 최고의 사상가이며, 교부 철학의 대성자로 고대 신플라톤주의 철학과 기독교를 결합하여 중세 사상계에 영향을 주었다. 신과 영혼의 문제에 천착하여 『고백록』, 『삼위일체론』 등을 저술했다.

시간의 본질을 묻는 물음에 답하려는 순간 이내 말이 꼬이기 시작한다. 무언가 대답을 하려는데 입에서는 천에서 올이 풀려 나가듯 뜻 모를 말들만 쏟아 놓게 되는 것이다.

따라서 우리는 다음과 같은 기이한 두 현상에 맞서야 한다. 첫째, 시간은 일상적 의미의 물체가 아니다. 곧, 탁자나 의자 같은 실제 물건이 아니다. 둘째, 시간을 말로 표현하려 하여도 어떤 언어를 사용해야 할지 곤경에 빠지고 만다. 하지만 그럼에도 시간은 우리들 뇌리를 맴도는 도발적인 문제들 중 하나이므로 어떡해서든 말로 표현해야만 한다.

그래서 지금 우리는 기꺼이 아무도 어떻게 말해야 할지 모르는 것을 말해 보고자 이렇게 애쓰는 것이다…….

물론 시간에 대한 정의가 수없이 존재한다고 누군가 반론을 제기할 수도 있다. "시간은 불변하는 영원의 움직이는 모습이다."(플라톤˙), "이전과 이후 사이의 운동(또는 변화)의 수"(아

● ● ●

플라톤(BC 428~BC 348) 서양 문명의 철학적 기초를 마련한 고대 그리스의 위대한 철학자. 소크라테스의 제자로 아카데미아를 개설하여 생애를 교육에 바쳤다. 논리학, 인식론, 형이상학 등에 걸쳐 심오한 철학 체계를 전개시켰는데, 초월적인 이데아가 참실재라는 사고방식과 철학자가 통치하는 이상 국가의 사상으로 유명하다. 저서에 『소크라테스의 변명』, 『향연』, 『국가』 등이 있다.

리스토텔레스°), "아무 일도 일어나지 않을 때 지나가는 것"(장
지오노°) 또는 모든 실재하는 사물을 존재토록 하는 그 무엇
등등.

그러나 이런 표현들은 모두 이미 시간이란 개념을 전제하고
있기 때문에 실상은 시간에 대한 정의라기보다는 시간에 대한
인상, 오해 또는 은유에 불과하다. 우리가 원한다면 언제든 마
음껏 무한정이라도 빠져들 수 있는 언어의 고리인 것이다. 몽
테뉴°가 『수상록』의 제3권 13장에서 말했듯이, "이런 경우, 통
상 한 단어를 다른 단어로 바꾸더라도 그 뜻은 모호해질 뿐이

● ● ●

아리스토텔레스(BC 384~BC 322) 고대 그리스의 철학자. 플라톤의 제자로 소
요학파를 창시했다. 고대에서 최대의 학문적 체계를 세웠으며, 생물학과 자연 철
학을 강조하는 그의 철학은 중세의 스콜라 철학을 비롯하여 후세에 많은 영향을
끼쳤으며 근 2,000년 동안 서구 세계의 사고를 지배했다. 대표적인 저서로 『형이
상학』, 『오르가논』, 『자연학』, 『시학』 등이 있다.

장 지오노(1895~1970) 프랑스 소설가. 프로방스를 배경으로 한 풍부하고 다양
한 이미지의 작품으로 널리 칭송받은 자연 찬미주의자. 반도시, 반물질 문명을 내
세우면서 우주와 인간의 일체화를 묘사하였다. 대표적인 작품으로 『언덕』, 『나의
기쁨이여 영원히』, 『거대한 무리』, 『지붕 위의 경기병』 등이 있다.

몽테뉴(1533~1592) 르네상스기를 대표하는 프랑스의 철학자, 문학가로 16세기
후반 프랑스의 광신적인 종교전쟁 와중에 종교에 대한 관용을 주장하고 인간 중심
의 도덕을 제창했다. 대표작 『수상록』에는 인간 정신에 대한 회의주의적 성찰과
라틴 고전에 대한 해박한 교양이 잘 나타나 있다.

다." 시간의 본질은 여전히 언어의 그림자 속에 숨어 있다.

이제 정말 '그 녀석'이 어디에 있는지 본격적으로 찾아보도록 하자.

1

시간이란
무엇일까?

현재가 과거가 될 때 현재는 어디로 가는 것이며,
또 과거는 어디에 있는 것이란 말인가?

──루드비히 비트겐슈타인

시간을 과거, 현재, 미래로 나눌 수 있을까?

시간은 우리에게 세 가지 모습으로 나타난다. 바로 과거와
현재 그리고 미래이다. 하지만 이 셋은 시간 속에 고정되어 있
지 않다. 시간은 미래를 현재로, 현재를 과거로 바꾸어 놓기 때
문이다. 결국 과거만이 영원히 과거로서 자신의 지위를 지킬
뿐이다. 그렇다면 이 셋 중 어느 것이 가장 분명한 실재일까?

아리스토텔레스 는 "과거는 더 이상 존재하지 않는 것이다.

• • •
루드비히 비트겐슈타인(1889~1951) 오스트리아 태생의 영국 철학자. 1925~
1950년 영국 철학계에서 가장 영향력 있는 철학자 중 한 사람이었으며, 논리학 이
론과 언어 철학에 관한 독창적이며 중요한 철학적 사유 체계를 제시했다. 대표적
인 저서로 『논리 철학 논고』, 『철학 탐구』 등이 있다.

그러므로 과거는 실재하지 않는다."라고 결론지었다. 하지만 어쩌면 그리 간단한 것이 아닐지도 모른다. 과거는 현재 안에 앙금을 남기며, 결정론은 결과를 뒤바꿀 수 없는 것으로 만들고 온갖 필연들을 쌓아 놓는다. 그럼으로써 과거는 현재의 근원 중 하나가 되기 때문이다.

지금 내 앞에 있는 (점점 때가 탈) 이 종이는 이 펜과 탁자와 스탠드나 마찬가지로 과거로부터 온 것이다. 내가 현재 쓰고 있다고 해서 무에서 유로 갑자기 생겨난 것들이 아니다. 내 몸을 이루는 원자들도 사실 따지고 보면 먼 과거에서 왔다. 몇 십억 년 전 항성들에서 생겨난 원자들이 오늘날 내 안에 있는 것이다.

이 모든 것이 과거가 적어도 '조금은' 존재한다는 사실을 뒷받침해 준다. 물론 이 '조금'이 어느 정도를 말하느냐를 놓고 실컷 논쟁을 벌일 수도 있다. 과거를 온전하고 꽉 찬 실재로 믿을 수 있는가 하면, 반대로 과거가 완벽한 무라고 주장할 수도

● ● ●

아리스토텔레스(BC 384~BC 322) 고대 그리스의 철학자. 플라톤의 제자로, 자연에 관심을 두고 경험주의적 철학과 종합적인 학문을 탐구했으며, 중세의 스콜라 철학을 비롯하여 후세의 학문에 큰 영향을 주었다. 저서에는 『형이상학』, 『오르가논』, 『자연학』, 『사학』 등이 있다.

있다. 또 현재와 미래의 현실에 비견될 만한 '정확히 뭐라고 꼭 집어 말할 수 없는 실재'라는 데 동의할 수도 있다.

하지만 과거가 현존한다고 확언하는 것은 어딘지 모르게 불합리해 보인다. 왜냐하면 실재는 현재에만 존재하기 때문이다. 그렇다고 과거가 실재하지 않는다고 고집하기도 어려운 일이다. 나폴레옹, 아인슈타인˚ 그리고 우리 중 누군가의 증조할머니 들은 분명 과거 어느 시점에 존재했으니까 말이다. 이 사람들은 비록 더 이상 현재에 속하지 않지만 과거에는 일종의 현실이었음을 부정할 수 없다.

우리 모두 잘 기억해 두자. 여기서 문제는 이런 과거의 존재들이 우리 기억 속에 자취를 남겼느냐 남기지 않았느냐, 지금까지 민감한 영향을 미치느냐 미치지 않느냐가 아니다. 어떻게 과거가 현재에도 살아남아 흔적을 남길 수 있는지를 살펴보려는 것도 아니다. 여기서 문제는 실재를 현재에만 정의할 수 있다면 어떻게 과거의 실재가 존재했음을 알 수 있느냐는 것이다. 그리고 존재했다면 어떻게 존재했느냐는 것이다.

● ● ●

아인슈타인(1879~1955) 독일 태생의 미국 물리학자. '특수 상대성 원리', '일반 상대성 원리', '광량자 가설', '통일장 이론' 등을 발표하였다. 1921년 노벨 물리학상을 받았다.

한편으로 과거는 눈으로 보고 손으로 만질 수 있는 현존의 가능성이 없으므로 실재성이 완전히 결여돼 있다고 주장할 수 있다. 실재가 실재 그 자체로 인정되기 위해서는 나 또는 내가 신임하는 사람들의 눈에 보이고 손에 만져질 수 있어야 한다. 그런데 과거는 보고 만질 수 없다. 그러므로 우리는 과거가 존재하지 않는다고 당당히 말할 수 있다.

반대로 과거는 이미 종료된 상황이므로 일체의 변화로부터 또는 미래의 불확실성으로부터 안전하다는 이유를 들어 일종의 특수한 실재로 여길 수도 있다. 이미 일어난 사건을 두고 '실제로' 일어났는지 문제 삼을 수는 없다. 그 사건에 대해 남겨진 기억이 전혀 없고 자취도 없으며 그 현존이 부정되더라도 이미 일어난 사건이라는 사실에는 변함이 없다. 더욱이 이런 과거의 불변성은 더 이상 논할 가치가 없을 만큼 명확한 것이다. 그렇기에 가장 대범한 신학자들조차 전지전능한 신에게 자기 마음대로 과거를 바꾸거나 지울 수 있는 엄청난 권리를 부여하는 것만큼은 거부한 것이 아닐까.

이렇게 서로 상반되는 두 가지 주장 중에서 하나를 고르기 어려운 것은 아마도 둘 다 진실이기 때문일 것이다. 과거는 현실과 단절되었다는 점에서 실재가 아니라고 말할 수 있다. 그러나 현재였기에, 즉 과거의 언젠가 이곳을 한 번은 점유하고 있었기에, 설사 그 흔적이 제대로 남아 있든 그렇지 않든, 또 그 존재를 증명하는 서류들 또한 언젠가 없어진다 해도 영원히 실재로 남아 있게 된다는 점에서, 과거는 또한 실재인 것이다. 다시 말해서, 실재가 영원히 실재가 되기 위해서는 한 번 실재였던 것으로 충분하다.

이렇게 과거의 존재 여부를 확인하는 것만으로 토론의 막을 내리기는 부족하다. 과거가 존재한다손 치더라도 그 다음에는 과연 과거에 접근할 수 있느냐 하는 문제가 제기된다. 알기 쉽게 문학 분야로 옮아가 이 문제를 생각해 보자. 이 문제는 스콧 피츠제럴드[●]와 마르셀 프루스트[●]의 작품을 줄자의 양 끝에 놓고 눈금을 어디에 맞춰야 할지 묻는 것과 같다.

스콧 피츠제럴드는 과거가 그 어디에도 없으며 갓 지나간 순간마다 아무런 흔적도 남기지 않고 깊은 구렁 속으로 사라진다고 생각했다. 즉 깊이 파묻힌 행복의 순간들은 영원히 잃어

● ● ●

스콧 피츠제럴드(1896~1940) 1920년대의 대표적인 미국 소설가. 당대의 다른 어떤 작가들보다 동시대인들의 생각과 느낌을 잘 표현해 냈다고 평가받는다. 작품에 『낙원의 이쪽 편』, 『위대한 개츠비』 등이 있다.
마르셀 프루스트(1871~1922) 프랑스의 소설가. 자신의 삶을 '의식의 흐름' 기법을 이용해 심리적, 비유적으로 그린 작품 『잃어버린 시간을 찾아서』를 써 유명해졌다.

버린 것이고 당연히 마음을 찢어지듯 아프게 만든다는 것이다.

『밤은 부드러워』에서 스콧 피츠제럴드는 과거를 믿을 수 없다는 것, 또 과거를 돌이킬 수 없다는 사실을 인간의 일상적인 비애와 서서히 다가오는 죽음을 가장 비참하게 보여 주는 상징으로 표현했다.

한편 프루스트는 기억을 순화하는 작업을 통해 옛날의 행복과 잃어버린 시간을 찾아 떠날 수 있다고 주장했다. 우리는 과거의 인상을 기억의 표면으로 다시 불러낼 수 있으며, 상황이라는 포장을 없애 버리고 참된 행복의 정수를 얻을 수 있다는 것이다. 물론 극단적으로 대비되는 이 두 가지 견해 사이에서 중간적인 입장을 취하는 것도 가능한 일이다.

이제 미래에 대해 얘기해 보자. 과연 미래가 존재할까? 아리스토텔레스는 (어느 순간에도) 미래는 아직 존재하지 않으므로 실재하지 않는다고 결론지었다. 미래가 존재한다면 이것은 곧 현재가 될 텐데, 어떻게 미래가 미래로서 실재할 수 있단 말인가?

우리는 미래가 반드시 올 것처럼, 즉 미래에도 현재가 계속 존재할 것을 확신하듯이 미래가 어떤 방식으로 현존하는 양, 미래가 실재하느냐는 질문 대신에 단순히 미래는 어떨까, 미래에는 어떤 일들이 일어날까 하는 의문과 의혹을 지닌 채 미래에 대해 이야기할 뿐이다.

닐스 보어*는 "예언은 하기가 힘들다. 특히 미래에 관한 한……."이라고 말했다. 성 아우구스티누스는 이처럼 모호한 미래의 위상에 대해 그 본질을 이미 우리에게 말해 주었다. 그는 아직 존재하지 않은 것을 비롯해 존재하지 않는 것들을 표상할 수 있는 '영혼'(좀 더 현대적인 용어로는 '의식') 속에서만 미래가 우리에게 존재할 수 있다고 생각했다.

미래는 기다림(우리가 미래와 떨어져 있는 시간이 있기 때문에)과 상상(가공적으로 미리 예지하는 것만 가능하므로)이 전제되어야만 존재할 수 있다. 봄, 여름, 가을, 겨울이 되풀이되며 기쁨 후에는 슬픔이, 슬픔 뒤에는 다시 기쁨이 오는 등 미래가 필연적으로 반복된다는 것을 유일하게 알아차리는 기억력도 전제되어야 한다.

미래는 결국 정신세계에서만 존재하는 것이지 그 자체로는 존재하지 않는 것이다. 의식 속에서만 존재하고 세상에는 존재

● ● ● ●

닐스 보어(1885~1962) 덴마크의 물리학자. 한 계의 에너지는 일정한 불연속적인 값들로 제한되어 있다는 양자론을 원자 구조와 분자 구조에 최초로 적용하여 원자 이론을 정리했다. 이 이론은 고전론과 양자론을 결합시켜 뒤에 양자 역학으로 발전하는 계기가 되었다. 1922년 노벨 물리학상을 받았다.

하지 않는다. 말뜻 그대로 미래(未來)는 아직 오지 않았기에 하나의 실재가 아니다. 앙드레 콩트스퐁빌 이 『철학 사전』에서 말했듯이, 미래는 "이를 기대하는 의식이 만들어 낸 상상 속의 상관 관계"에 불과한 것이다.

그러나 존재하느냐 존재하지 않느냐는 여부 문제가 가장 흥미롭게 제기되는 것은 현재의 위상이다. 현재가 존재한다는 주장만큼이나 현재가 존재하지 않는다고 주장하는 철학자들도 많기 때문이다.

현재는 우리가 그것에 다가가는 순간 마치 현재가 아닌 무언가에 의해 오염되는 듯하다. 즉, 현재는 슬그머니 비존재(非存在)에 의해 흡수되고 마비되는 양 실재(實在)와 부재(不在)가 뒤섞여 버린다. 그러면서 한편으로 모든 순간은 우리에게 현재만을 제시한다. 따라서 현재를 인식하고 또 그 현재의 실재를 믿는 것만큼 쉬운 일은 없어 보인다.

하지만 다른 한편으로는 현재를 경험하는 것처럼 어려운 일은 또 없다. 현재는 끊임없이 우리에게서 달아나 버리기 때문

● ● ● ●

앙드레 콩트스퐁빌(1952~) 프랑스의 무신론적, 유물론적 철학자. 파리에서 태어나 파리 고등 사범 학교에서 수학하고, 철학으로 학위를 받았다.

이다. 현재가 지나가는 길 중간에 서 있다가 그것을 잡아챌 수는 더더욱 없는 노릇이니, 잡아챈 현재는 이미 이른바 '존재하기'를 멈추었을 것이기 때문이다.

현재는 '스스로 무(無, 없음)가 된다.' 시간이 흘러감에 따라 끊임없이 탄생의 사슬을 끊었다가 다시 잇기를 되풀이한다. 마치 존재 여부를 놓고 방황하는 것처럼 말이다.

현재는 이처럼 부유하는 존재 같아서 모호하기 짝이 없다. 현재를 표현하려면 어떤 가설과 그 가설을 부정하는 가설을 모아, 정반대되는 개념들을 만들어 내야 한다. 그래서 우리는 현재가 늘 같은 모습이 아니기 때문에 지나간다는 표현을 할 수 있는가 하면, 한순간이 지나면 또 다른 순간이 오기 때문에 현재가 지나가지 않았다고 말할 수도 있다.

이렇게 현재는 지속적인 동시에 일시적이라는 모순을 가진다. 이렇게 현재는 늘 존재하지만 늘 같은 모습이 아니며, 영속성과 변화가 동전의 앞뒷면처럼 밀접하게 엮여 있는 존재이다.

그러므로 현실을 절대 모순될 수 없는 방식으로 정의하려 들면 현재가 존재한다고 말할 수 있는 근거마저 잃게 된다. 전혀 그럴 것 같지 않지만, 현재를 떠나서는 존재를 생각할 수 없게 된다.

그렇다면 존재와 시간 사이에는 어떤 관련이 있을까?

우리는 왜 시간이 존재한다고 생각할까?

> 앞으로 튀어나올 말들은 우리가 무엇을 이해 못하는지 알고 있다.
>
> —르네 샤르

   시간의 문제를 생각하려 들면 어디서부터 시작해야 할지 막막해진다. 시간을 정면으로 마주 대하면, 암초 밭에 두 발이 끼인 채 오도 가도 못하고 빈둥빈둥 허송세월만 보내다가 결국은 잡다한 것들만 캐 돌아오게 마련이다.

   "흠, 글쎄요. 이것과 저것 중에 망설여지는군요."

   자기 딴에는 심각한 갈등을 한다. 시간을 흐르는 것으로 이해했다가는 곧바로 절대 변하지 않는 것으로 여긴다. 변화의 원리로 떠올렸다가는 모든 역사를 에워싸는 그 무엇으로 생각을 바꾼다. 천천히 소멸하거나 덧없이 금방 왔다 사라지는 것으로 간주했다가는 일어날 일을 끊임없이 기다리는 거대한 무대로 간주하기도 한다.

- - - -

르네 샤르(1902~1988) 프랑스의 시인. 초현실주의자로 시작했지만, 제2차 세계대전 때 레지스탕스 지도자로 활약한 뒤에는 교훈적 내용의 압축된 시를 썼다. 시집으로 『임자 없는 망치』, 『아르틴』 등이 있다.

이 같은 양면성에서 어떻게 벗어날 수 있을까? 금방은 해결할 수 없는 것처럼 보인다. 하지만 시간에 대해 사유하기를 포기하는 것은 존재에 대한 이해를 포기하는 것과 마찬가지라고 감히 말할 수 있다.

시간과 존재는 전혀 어울리지 않으면서도 떼어 놓을 수 없는 두 친구처럼 서로 밀접한 관계를 맺고 있다. 하이데거가 자신의 주요 저서에서 '존재'와 '시간'을 함께 사색하기로 선택한 것은 결코 우연이 아니다. 시간을 통해서만 존재를 이해할 수 있고 존재를 통해서만 시간을 이해할 수 있기 때문이다. 따라서 이 둘을 한데 묶어 고려해야 하며, 서로 독립된 영역으로 여기면 안 된다. 『존재와 시간』의 바로 그 조그만 접속사 '와'에 중대한 문제가 숨어 있는 것이다.

시간을 지나치게 있는 그대로, 곧 그 자체로 추상적으로 사색하려다 보면 오히려 시간을 그것과 분리시킬 수 없는 현실의

● ● ●

하이데거(1889~1976) 20세기 독일의 실존 철학을 대표하는 철학자. 하이데거가 일약 유명해진 것은 『존재와 시간』 때문으로, 불안, 무(無), 죽음, 양심, 결의, 퇴락 등 실존에 관계되는 여러 양태를 매우 조직적, 포괄적으로 논술하였다. 현존재의 존재 의미를 과거 · 현재 · 미래의 삼상(三相)의 통일인 시간성으로 제시한 그의 분석법은 정신 분석에서 문예론, 나아가 신학에도 영향을 주었다.

세상과 분리시키는 잘못을 저지르게 된다. 그런 위험은 언제든지 있을 수 있다. 사유는 의식이 연결하는 것을 서로 떼어 놓는 경향이 있기 때문이다.

일반적으로 사유는 현재와 실재를 두 개의 서로 다른 범주로 구분하는 반면, 현재에 대한 의식은 늘 실재에 대한 인식을 동반한다. 나에게 현재로, 현재 여기에 있는 것으로 보이는 것은 모두 실재로 느껴지는 것이다. 어떤 철학자들은 현재와 실재의 연관성을 끝까지 추적하다가 결국에는 실재가 현실이 완벽하게 똑같다고 확신하기도 했다.

그러나 너무 성급히 결론을 내리는 것은 금물이다. 앞서 말했듯이 시간은 사물이 아니며, 사물이라 할지라도 그 밖의 사물들과는 전혀 다른 사물이기 때문이다. 아무도 시간을 정면으로 바라본 적도, 냄새를 맡은 적도, 소리를 들어 본 적도, 만져 본 적도 없다. 그런데 희한하게도 우리는 절대 시간의 존재를 의심하지 않는다! 사실상 우리는 시간이 남기는 결과만을 인식할 뿐인데도 말이다.

우리는 시간 '안에서' 보고, 냄새 맡고, 듣고, 맛을 느끼고, 만지는 것이지 시간 자체를 그렇게 하는 것이 아니다. 지극히 섬세한 문장과 기괴한 단어를 쓰는 것을 좋아한 하이데거가 『존재와 시간』에서 말했듯이, 시간은 '움직이는 시곗바늘을 현

시간은 스스로 모습을 드러내지 않는다.
괘종시계는 단지 바늘들의 공간상 움직임을 통해 시간의 흐름을 보여 줄 뿐이다.

존화' 하는 경우를 제외하고는 자신의 모습을 드러내지 않는다. 우리 눈에 괘종시계의 두 바늘은 움직이는 시간을 상징한다. 그렇다면 괘종시계는 무엇을 가리킬까? 그것은 시간이 '스스로' 모습을 드러낸 것이 아니라 바늘들의 공간상 움직임을 통해 시간의 흐름을 보여 줄 뿐이다. 진정한 시간은 숨어 있다.

그렇다면 왜 우리는 그토록 비밀스럽고 우리에게 경험적 사물로 모습을 드러낸 적이 없는, X선을 통과시켜도 보이지 않는 그 '존재'를 그렇게 확실히 실재한다고 믿는 걸까? 어떻게 우리는 우리에게 아무런 기척도 하지 않는 것이 우리에게 불가피한 존재라고 믿고 사유할 수 있단 말인가? 국가의 중대사도 아니건만 모두가 그러리라 믿고 있는 시간의 그러한 '명백함'에 여전히 문제가 남아 있음을 우리는 인정할 수밖에 없다.

하지만 이것으로 끝이 아니다. 더한 것이 남았다. 시간이 분명 존재한다고 확신하더라도, 먼저 그것이 어떤 방식으로 존재하는지 알 필요가 있다.

우리는 시간을 어떻게 인지하는 것일까? 시간과 사물은 어떤 관계에 있을까? 시간이 세상 안에 존재할까, 아니면 세상이 시간 안에 포함되어 있을까? 시간은 우연히 생겨나서 변화하고 낡고 늙고 죽는 것과는 상관없이 존재하는 것일까? 흘러가지만 늘 여기에 있다고 믿는 이 시간의 본질은 무엇이란 말인가?

2

시간은
어떻게 흐를까?

시간은 사건들로 이루어진 강이다.

―마르크오렐[*]

우리는 왜 시간이 흐른다고 말할까?

앞에서도 이야기했지만, 언어는 시간의 개념을 표현하는 데는 크게 부족하다. 예를 들어 시간이 '흐른다', '지난다', '쏜살같이 지나간다'라고 말하면서 우리는 무엇을 말하고자 하는 것일까? 평상시에 우리는 이처럼 시간을 불안정하고 빠르게 지나가는 것으로 묘사하는 말들을 곧잘 쓰곤 한다. 하지만 이러한 표현에는 문제의 여지가 있다.

먼저 그러한 어법은 일종의 언어 남용이다. 시간이 모든 것

● ● ●

마르크오렐(1869~1937) 캐나다 출신의 화가이자 조각가. 퀘벡에서 태어나 1890년대에 레옹 보나와 함께 파리의 에콜 드 보자르에서 그림을 공부했다. 1908년 퀘벡으로 돌아가 그곳 풍경을 담은 인상주의 그림들을 많이 남겼다.

을 지나가게끔 만드는 것이라는 데 이의를 제기할 사람은 없다. 그렇다고 지나가는 것이 시간 그 자체라고 추론하는 것은 논리의 비약이다. 시간을 구성하는 매 순간이 연속적으로 이어진다는 사실(과거, 현재, 미래)과 시간 그 자체의 연속성은 서로 다른 것이다.

순간은 지나가지만 시간은 지나가지 않는다. 그렇다면 왜 '시간이 지나간다.'고 말하는 것이 '길이 앞으로 간다.' 또는 '음악이 노래한다.'고 말하는 것보다 더 일리 있게 들리는 것일까? 모든 실재가 일시적이라고 인정한다면, 시간이 지나간다는 것은 '사실상' 시간이 포함하고 있는 사물과 현상 전체가 지나가는 것이라고 말하는 것과 같다. 즉, 실재 전체가 '지나가는' 것이지 시간 그 자체가 지나가는 것이 아니지 않은가.

게다가 시간이 지나간다는 표현은 시간이 존재한다는 사실을 이미 암시하고 있다. 그러므로 이러한 표현은 시간의 존재를 부각시키고, 시간을 사물과 과정으로부터 독립된 자율적 존재로 자리매김하게 해 준다. 다시 말해서, 시간이 존재하느냐는 질문이 알을 깨고 나오기도 전에 이미 알 속에서 죽어 버린 것이다.

더욱이 시간을 강에 비유하는 것은 그 자체만으로 혼동의 근원이 되는 온갖 환상을 부른다. 무엇과 비교해서 시간이 흘러간단 말인가? 시간이 강과 같다면, 무엇이 강바닥의 역할을 하는가? 또 무엇이 강기슭에 해당하는가? 짐작이 가겠지만, 시간이 흐른다는 관념은 시간이 흘러갈, 시간을 초월한 어떤 존재가 있음을 상정하는 것이다. 시간을 '시간이 아닌 것'에 얽어 매는 것이다.

이런 엄청난 모순이 있음에도, 시간을 강물에 비유하는 은유는 사유의 역사가 시작된 이래로 줄기차게 계속되어 왔다. 오늘날에도 여전히 시간에 관한 이런저런 의견들은 모두 다 강물의 비유에 살짝 몸을 기대고 있다. 그리스 철학자 헤라클레이토스˙가 이미 2,500년 전에 말한 것처럼, 한 번 들어간 강물에는 다시는 들어갈 수 없다.

그래도 강물이 연못은 아니다. 강물은 흐르지만 연못은 한 곳에 고여 있다. 시간을 강물에 비유하게 되면, 곧 흐르지 않는 시간을 상상하지 못하게 된다. 하지만 소설가들은 정지된 시간을 상상하곤 했다. 물론 언제나 시간과 움직임을 혼동한 결과이기는 했지만 말이다. 모두들 시곗바늘이 멈추었다고 묘사하

● ● ●

헤라클레이토스(?BC 541~?BC 480) 탈레스의 학설에 반대하여 만물의 근원을 영원히 사는 불이며, 모든 것은 영원히 생멸하며 변화하는 것이라고 역설하였다. 저서로 『정치학』, 『만물에 대하여』 등이 있다.

면서 시간 자체가 더 이상 흐르지 않는다고 상상한다.

시간이 멈춘다고 해서 세상이 계속해서 존재하기를 멈추고 움직임 역시 생길 수 없게 된단 말인가! 여기에는 명백한 모순이 있다. 즉 세상이 같은 모습으로 계속 유지된다면 그것은 실재가 지속되는 것이고, 실재가 지속된다는 것은 곧 실재가 흐르는 시간 속에 담겨 있음을 암시하는 것이 아닌가?

요컨대, 더 이상 아무 일이 일어나지 않아도 시간은 '계속해서 세상을 존재하게 하기 위해서' 거기에 있어야 한다. 시간의 첫째 임무는 실재를 시간의 지속 속에서 계속 유지시키는 것이 아닐까? 즉 실재를 현재 속에 보존해 주는 것이 아닐까?

우리가 시간 속에서만 존재할 수 있다면, 우리가 절대 시간 그 자체를 볼 수 없고 시간 속에 '포함되어' 있다면, 시간이 없는 세상도 있을 수 없다. 즉 시간이 진정으로 멈춘다는 것은 모든 사물이 정지한 상태뿐만 아니라 현재의 정지, 곧 존재하는 모든 것이 사라짐을 의미할 것이다.

그러므로 시간은 '최소한' 모든 사물이 계속 현존하도록 해 준다. 시간이 없다면 모든 것이 순식간에 사라질 것이다. 이것은 곧 시간이 존재와 동일시될 수 있음을 뜻한다.

어쨌든 시간은 기이한 것이다. 모순처럼 들리지만, 시간은 우리를 영원에서 떼어 놓으면서 영원과 비슷한 모습을 하고 있다. 모든 것이 시간과 함께 지나가되 그것과 함께 지나가지 않는 유일한 것이 있으니, 그것은 바로 시간 자신이다. 시간은 자신이 지나가게 하는 것을 통해 지나가지 않는다.

시간의 본질은 무엇일까?

> 나는 이해할 수 없는 스핑크스처럼 창공에 군림하네.
>
> —샤를 보들레르

시간에 대해 사유하는 것이 얼마나 복잡한 일인지는 철학사로 잠깐만 눈을 돌려도 잘 알 수 있다. 시간은 공간에 따라서 만들어지는 것으로 생각되었던 적이 있는가 하면 공간과는 독립된 존재로, 또 반대되는 개념으로 간주되기도 했다. 움직임을 고찰하기 위해 이용된 적이 있는가 하면 움직임의 정반대,

● ● ● ●

샤를 보들레르(1821~1869) 프랑스의 시인. 생명의 모든 징후에서 진정한 의미를 찾고자 했다. 19세기에 20세기의 모습을 보여 준 시인으로 평가받으나 대표작 『악의 꽃』은 대중들에게 오래도록 타락과 불건전과 외설의 표본으로 여겨졌다. 후에 상징주의 운동의 원천이 된다. 대표적인 작품으로 평론 『나심』, 산문시 『파리의 우울』 등이 있다.

곧 고정된 것, 영원한 것, 더 나아가 신 자체를 연구하기 위해 시간을 들먹인 적도 있다. 이 모든 것이 시간이란 주제가 우리를 얼마나 곤혹스럽게 하는지를 보여 준다.

　그렇다면 시간이란 진정 무엇일까? 사물, 다시 말해서 '우리 앞에 내던져진 것'일까? 아니면 스스로 존재할 수 있는 **실체**일까? 또는 관념, 즉 우리의 경험에서 생겨난 경험적 개념일까? 아니면 칸트˚의 용어를 빌려 표현하면, **오성**(이해하기 위한 수단이 되는 이성)이 그것 없이 작용할 수 없다는 의미에서 **감성에 의한 선험적 추리**일 뿐일까? 아니면 변화, 소모, 노화, 죽음을 말하기 위해 발명된 단순한 은유, 단어에 불과할까? 성 아우구스티누스가 생각한 것처럼, 시간은 우리의 영혼 속에만 존재하는 것일까? 아니면 독일 철학자 후설˚이 믿은 것처럼 의식이 정화된 산물일까? 결국 하이데거가 그랬듯이, 우리도 '우리 자신'이 시간이 아닐까 자문해야 되는 것은 아닐까?

● ● ●

임마누엘 칸트(1724~1804) 독일의 철학자. 경험주의와 합리주의를 통합하는 입장에서 인식의 성립 조건과 한계를 확정하고, 형이상학적 현실을 비판하여 비판철학을 확립하였다.
에드문트 후설(1859~1938) 독일의 철학자. 의식의 분석과 기술을 통해 철학을 엄격한 학문으로 재정립하기 위해 현상학을 창시하였으며, 하이데거, 사르트르 등의 실존 철학에 큰 영향을 끼쳤다.

흔히들 언젠가는 물리학자들이 시간의 본질을 밝혀내 이 같은 문제에 해답을 줄 수 있을 것이라 믿는다. 그럴듯해 보이지만 그것은 명백한 오해이다. 아리스토텔레스의 표현대로 '존재로서의 존재'에 관한 이론인 **존재론**은 학문이 아니라 단순히 문제 제기일 뿐이다. 이 같은 착각이 20세기 물리학이 이룬 성과마다 심어져 있다. 그래서 혁명적 과학의 성과(상대성 이론, 양자 물리학)를 거둘 때마다 조작적인 효율을 좇아 시간의 지위가 새로이 제시되곤 하지 않았던가?

물리학의 업적이 대단하다 보니 미래에 또 다른 아인슈타인이 나타나서 시간에 대한 결정적이고도 완벽한 이론을 제시하리라는 희망을 부채질하고 있다. 그러나 물리학자들이 자신들의 업적을 통해 시간은 무엇인가, 또는 공간은 무엇인가, 물질은 무엇인가 하는 존재론적 문제를 거론하는 경우는 극히 드물다. 이런 개념들이 이론에 포함된다고 하더라도 물리학자들은 존재론적 문제와 관련해서 지나치게 철학적이라 생각되는 논의는 피한다.

이렇게 물리학자들이 침묵으로 일관하는 태도가 때로는 이들이 과학의 조작적인 기능을 초월한 모든 질문을 경멸하는 의미로 비춰지기도 한다. 그러나 물리학자들에게 이런 철학적인 문제에 대한 기술적인 해답을 기대하는 것은, 물리학이 스스로의 야망을 자제함으로써 힘을 얻는다는 사실을 간과하는 태도다.

물리학자들이 물리학자로서 온갖 종류의 문제에 다 관심을 갖는 것은 아니다. 물리학자들은 자기 분야에 관련된 방법론에 적합한 문제들에 관심을 갖는다. 이들이 시간에 관심을 갖는다 하더라도 시간의 본질 따위에 관한 문제에 천착하지는 않을 것이다. 만약 물리학자들이 그러한 문제를 다룬다 해도, 그것은 이론적 관심의 주변부에 머물 따름이다.

물리학자들의 목표는 사물의 원리를 구체화하는 것이라기보다는 추상화하는 것이다. 그들은 시간의 존재론이 결코 명백하게 증명될 수 없다는 것을 알기에 차라리 시간을 수식으로 표현할 수 있는 최상의 방법을 찾는다. 시간의 본질을 다룰 수 없기에 또 다른 방식으로 존재의 문제를 딱 부러지게 해결하기를 원하는 것이다.

물론 이런 식의 관점에도 장점은 있다. 과학자들은 스스로 형이상학적 활동을 자제함으로써 세상과 세상의 표상, 관념과 사물, 존재와 변화 사이에 있을 수 있는 관계를 놓고 무모하게 논쟁하는 것을 피할 수 있다. 반면에 과학자들의 이런 조심스런 태도는 온갖 분야의 사기꾼들이 활개를 칠 기회를 줄 뿐더러 사유와 지식의 통일이라는 소중한 야망을 희생해야 하는 아쉬운 결과를 야기한다. 평안함을 얻는 대신 위대함을 잃는 것이다.

3

시간이 없다면
어떻게 될까?

생명이 갇힌 곳에서 지성이 탈출구를 뚫는다.

——마르셀 프루스트

시간을 수식으로 나타낼 수 있을까?

고대 그리스 시대부터 철학자들은 시간이 골칫거리임을 알고 있었다. 지금부터 2,500년 전 파르메니데스˚와 그의 친구들, 곧 엘레아학파˚는 물질과 공간을 같은 것으로 보고(그렇게 함으로써 빈 공간의 존재 가능성을 거부하였다.) 움직임을 단순

● ● ●

파르메니데스(?BC 515~?) 이탈리아 태생의 고대 그리스 철학자. 엘레아학파의 대표자로, 존재하는 것은 불생불멸·유일불가분(唯一不可分)의 실체이며 일체의 변화나 구별은 가상이라고 주장하였다.

엘레아학파 기원전 5세기에 이탈리아 남부 엘레아에서 일어난 학파. 진실한 의미에서 있는 것은 불생불멸의 유(有, 에온)뿐이라는 일원론을 주장하였다. 그리하여 많은 것의 존재와 운동 변화의 존재를 부정하였고, 현상계의 다양한 모습과 그 운동 변화를 지각하는 우리의 감각을 미망(迷妄)이라 하였다.

한 이행, 즉 고정된 위치의 연속으로 생각했다. 그들에게 시간은 설명할 수 없는 것이었다. 그들은 모든 것의 기본을 부동 상태에서 시작되는 것으로 묘사하면서 빈 공간이 존재하지 않음을 증명하려 애썼다.

그들에 맞서, 헤라클레이토스와 원자론자[*]들은 물질을 운동과 같은 것으로 보고 빈 공간의 실재를 확신하는 다른 주장을 펼쳤다. 그들에 따르면, 모든 것은 움직인다. 하지만 이렇게 모든 것이 움직이면 상태의 변화를 측정할 때 쓰일 고정점을 상상할 수 없으며, 왜 움직임이 일어나는지도 설명할 수 없었다.

물론 파르메니데스는 훗날 물리학에 매우 큰 영향을 주었다. 물리학은 현상들 간의 불변 관계, 변화가 없는 관계를 연구하는 학문이기 때문이다. 물리학은 설령 진보하는 역사나 진화 과정 속에서도 시간으로부터 독립된 형태나 법칙, 원리 등을 이용해서 그 과정을 기술하려 한다. 결국 물리학의 야망은 시

● ● ● ●

원자론자 자연적 세계를 궁극 입자의 운동과 상호 작용으로 해석하는 철학적 견해나 자연 과학적 이론을 말한다. 그리스 자연 철학에서 원자론의 창시자인 레우키포스와 데모크리토스는 물질의 궁극을 불가분, 불생불멸의 불가분체(아토몬, 원자)와 원자의 존재와 운동을 가능하게 하는 공허(空虛)로 보고, 여러 원자의 형태, 위치, 질서, 그리고 그들의 운동, 결합, 분리를 모든 물리적 현상의 근원으로 보았다.

간에 종속되지 않는 개념을 바탕으로 변화하는 형태를 법칙화하는 것이다.

현대 물리학은 갈릴레이˙와 함께 시작되었다. 갈릴레이는 운동을 연구하기 위해 시간이라는 문제에 관심을 갖게 되었다. 갈릴레이는 시간 또한 모든 물리량과 마찬가지로 운동을 측정할 수 있도록 수량화할 수 있는 일정한 양으로 여겼다. 즉, 운동을 측정할 수 있으려면 시간 자체를 잴 수 있어야 하고, 시간을 측량할 수 있으려면 시간은 끝없이 그리고 끊임없이 이어지는 일정한 흐름으로 여겨져야 한다.

이런 맥락에서 갈릴레이는 물체의 낙하를 연구했다. 갈릴레이는 물체가 움직인 공간이 아닌 시간을 기본 변수로 선택하면 물체가 낙하할 때 붙는 속도는 낙하 시간에 비례한다는 간단한 법칙을 발견했다. 이 법칙을 통해 비로소 우리는 시간을 수식화할 수 있게 되었다.

• • •

갈릴레오 갈릴레이(1564~1642) 이탈리아 르네상스 말기의 물리학자이자 천문학자, 철학자. 전자의 등시성을 발견했고, 물체의 낙하 속도가 무게에 비례한다는 아리스토텔레스의 잘못을 증명하였으며, 물체 운동론을 연구하여 관성의 법칙 등을 밝혔다. 1609년 망원경을 제작하여 달의 신화 계곡 및 태양의 흑점, 목성 등을 발견하였으며, 지동설을 주장하여 교황청으로부터 종교 재판을 받았다.

그때까지 사람들이 시간에 대해 가진 공통된 생각은 일상 생활이나 계절에 관한 것이 전부였다. 시간은 주로 사회에서 진로를 결정하는 수단이나 공동의 삶을 조절하는 방식(예를 들면, 수도원 생활을 규칙적으로 이끌어 나가는 데 필요한 방식)으로 사용될 뿐이었다. 그런데 이제 시간을 매개 변수로 이용해 자연 현상을 양적으로 연구할 수 있다는 생각을 하게 된 것이다.

뉴턴*은 이 법칙을 다시 채택하여 시간을 수학적으로 공식화함으로써 애초에 고대 그리스 시대의 형이상학이 시작한 시간의 의인화를 은연중에 강조한다. 그리하여 시간은 이미 지나간 일들 또는 앞으로 일어날 모든 사건을 포함하는 초현실적 모체가 되어 '우뚝 선' 위치에 놓이게 된다. 이 같은 개념은 서양의 사고 체계에 강한 영향력을 미쳤고, 서구 세계는 시간을 추상적이고 보편화된 객관적인 존재로, 세상을 뒤덮고 있는 기계적 덮개쯤으로 인식하게 된다. 그 덮개 안에서 모든 것은 시작과 끝 사이에서 발생하고 개입하며 진행된다.

● ● ●

아이작 뉴턴(1642~1727) 영국의 물리학자이자 천문학자, 수학자. 광학 연구로 반사 망원경을 만들고, 빛의 입자석을 주장하였다. 만유인력의 원리를 확립하였으며, 저서에 『자연 철학의 수하적 원리』가 있다.

그러므로 세상은 사건들의 연속에 불과하고, 그 연속되는 사건들 가운데 인간은 두 무한대, 과거와 미래 사이에 끼여 있게 된다. 어떤 측면에서 보면 시간은 계속해서 우리를 밀어 내고 결코 쉴 틈을 주지 않는다는 뜻에서 '그 안에서 살기가 고달프다.' 아니면 시간은 우리의 적이 되거나 실존에 있어 주요한 근심거리가 된다.

그래서 우리는 오늘날 '실시간'의 포교자, 네티즌들이 세상과 자기 사이에 놓인 컴퓨터가 대화 창구 노릇을 하는 덕분에 사라졌다고 주장하는 일상의 각종 '불화'를 광적으로 불안해하는지도 모른다. 속도에 대해 형이상학적 열정을 가지는 것도 그렇다. 우리는 마치 속도가 해방의 약속이라도 되는 양 속도를 올리면 시간의 문제를 해결할 수 있으리라 믿는다. 물론 약속은 지켜지지 않는다. 늘 시간이 이기기 때문이다.

끝으로 질문을 하나 던져 보자. 우리는 늘 시간을 아껴야 하고, 매 순간을 누려야 하며, 시간의 지속을 연장할 수 없기에 점점 더 생활을 가속화하려 든다. 그런데 이런 현대적 욕구는 바로 죽음에 대한 우리의 강박관념을 나타내는 것은 아닐까?

모든 연구가 그렇듯, 가끔은 관점을 달리하고 의견을 교환하며 다른 이들의 생각과 비교해 보는 것이 좋은 해법이 된다. 이제 시간에 대해 서양과는 다른 관념을 가지고 있는 동양을

잠깐 둘러봐야 할 때가 왔다. 동양에서는 절대 지나가는 시간에 대해 말하지 않는다. 단지 계절 이야기를 할 뿐······.

시간이란 개념 없이도 생각할 수 있을까?

시간에 관한 사색은 모든 형이상학의 의무이다.

—가스통 바슐라르[•]

정말 시간에 대한 개념이 없다면 생각도 할 수 없는 것일까? 그렇지는 않은 듯하다.

프랑스 철학자 프랑수아 쥘리앵[•]은 자신의 책 『처세 철학의 요소』 중 「시간에 대하여」란 장에서 중국인들은 결코 달력과 시계를 모른 것이 아니라 말 그대로 시간의 개념을 만들 필요

● ● ● ●

가스통 바슐라르(1884~1962) 프랑스의 과학 철학자. 구조주의의 선구자이며 시론, 이미지론으로 유명하다. 과학 정신에 입각한 동적인 철학을 나타내는 한편, 일상 감각이나 의식의 심층에 깃든 과학적 인식에 대한 장애를 드러내고, 과학과는 다른 축에서 작용하는 상상력을 고찰하였다. 저서로 『부정의 철학』, 『촛불의 시학』, 『공간의 시학』 등이 있다.
프랑수아 쥘리앵(1951~) 프랑스의 철학자. 드니 디드로 파리 7대학 교수이자 프랑스 현대 사상 연구회 위원이다.

가 없었던 것이라고 설명한다. 중국인들이 '순간' 또는 '지속된 시간'을 몰랐던 게 아니다. 다만 지속된 시간과 연속의 경험 전체를 총괄하는 시간의 추상적 범주를 만들지 않았을 뿐이다. 그래서 서양인들이 예전부터 계속해 온 것과 달리 이들은 과거, 현재, 미래를 구분하지 않았다. 더욱이 영어나 프랑스어 같은 서양 언어에서는 시간이 동사에 완전히 '연결되어' 시제 변화를 하는 반면, 중국어에서는 동사의 어미 변화가 없다.

프랑수아 쥘리앵에 따르면, 중국에서는 아무도 시간을 동등한 양의 순간들이 이어져 만들어진 단조로운 지속 기간으로 생각하지 않았다. 중국인들에게 시간은 주기와 계절과 시대를 의미했다. 그들 각각이 고유의 특징과 중요성을 가지기 때문에 끈으로 그것들을 하나로 묶을 수 없었다. 그리고 물론 시간에 대한 이 같은 '시적인' 생각이 시간의 개념화를 방해해 왔다.

왜 서양인들은 지속되는 시간을 개개의 시간들에서 독립된, '시간'이라고 부르는 고유한 존재로 만들었을까? 그리고 왜 동양인들은 반대로 '시간'을 분리된 순간으로 만들어 따로 떼어 놓지 않았을까? 아마도 동양학에 조예가 깊은 전문가들만이 이 질문에 제대로 답할 수 있을 것이다. 다만 여기서는 서양은 시간에 관해 단선적인 생각을 택한 반면, 동양에서는 인생을 되돌릴 수 없도록 시간이 일정한 방향으로 흐른다고 보지 않고

독특한 계절들의 연속으로 생각했음을 기억해 두자. 좀 더 전문적인 용어로 말하면, 바로 질적인 다원주의를 택했던 것이다.

이런 사상은 아무래도 눈앞에 펼쳐지는 매 순간을 좀 더 '여유롭게' 바라보도록 해 준다. 그리고 이런 관념은 실생활에도 직접 영향을 미친다. 예를 들어 중국에서는 오늘 하루에 더 큰 가치와 무게를 둔다. 반면에, 몽테뉴가 『수상록』 제1권 11장 「예언에 관하여」에서 말했듯이 서양인들은 마치 존재가 늘 이후로 미뤄지는 듯 현재를 미래를 위한 수단으로만 의식한다. 즉 "마치 현재의 일들을 소화하는 것만으로 충분하지 않은 듯 미래의 일을 걱정하기를 즐기는, 광적인 호기심이 우리들 본성임이 뚜렷하게 드러난다."

하지만 그렇다 하더라도 이런 영향이 서양인들이 시간을 생각하는 방식에 미치는 규모와 범위를 과장해서는 안 될 것이다. 비록 동양인들처럼은 아니겠지만 서양인들도 절대 자신들의 삶을 탄생 순간부터 죽는 순간까지 일정하게 연속된 시간 속에서 일어나는 사건들의 단순한 나열로 축소시키지는 않는다.

우리가 속한 문화가 무엇이든 간에 우리는 지금까지 살아온 시간에 '생생함', 곧 지상에서 보낸 각 단계를 윤색하고 상기시키는, 앙리 베르그송*이 말한 '반죽'을 덧입힌다. 다시 말해서 우리들 각각이 '개인적으로' 시간과 맺은 관계를 언급하려

한다면, 결코 시간을 단순히 수식화된, 영혼을 잃은 존재로 전락시키게 되지는 않는다. 우리들 각자에게 시간은 특별한 사건들과 각각의 마음에 저마다 다른 의미들을 갖는 연이은 기간들로 가득 차 있다.

우리 삶에서 중요했던 시기들을 주위 사람들에게 이야기하는 방식을 보아도 그 사실을 확인할 수 있다. 우리는 처음부터 끝까지 빠짐없이 이야기하지 않는다. 시기마다 중요도가 다르며 뛰어넘는 부분도 있고 여기저기 끊어지는 부분도 있게 마련이다. 사랑에 빠진 일, 병에 걸린 일, 사랑이 깨졌다든가 병에서 완쾌된 일 등 이런 일들은 일어난 순서에 정확히 맞춰서 이야기될 수 없는 성격의 것들이다. 왜냐하면 그런 얘기에는 정해진 시작도 없을뿐더러 끝도 없기 때문이다.

결국 아무리 시간에 대한 사유가 추상적으로 흘러가는 경향이 있다고 한들, 시간은 매일 매일의 삶과 사유의 법칙 속에서

● ● ● ●

앙리 베르그송(1859~1941) 프랑스의 철학자. 창조적 진화를 주장하였으며, 철학, 문학, 예술 분야에 큰 영향을 미쳤다. 참된 실재는 의식이나 생에서 직관적으로 얻어지는 순수 지속이며, 지속이 이완되면 물질화하지만 지속의 긴장은 생의 비약이 되며 창조적으로 진화하는 실존적 생명이라 하였다. 저서로 『시간과 자유』, 『창조적 진화』 등이 있다.

구체적으로 드러나게 마련이다. 그래서 우리는 지구상의 지역마다 다른 어떤 '시간의 문화' 또는 '시간성'에 도달할 수 있다고 생각하게 된다.

그러나 '시간의 문화' 또는 **시간성**도 시간 그 자체와는 다르다. 그것들은 우리가 시간 속에서 사는 방식, 시간을 살아가는 방식, 시간을 상상하는 방식, 시간과 관계를 맺는 방식을 일컬을 뿐이다. 물론 우리가 집단으로 또는 과학적 근거를 바탕으로 가지는 시간관이 우리가 시간과 맺는 관계에 영향을 주기는 하지만 절대적 영향을 미치는 것은 아니다. 개인의 성격이나 그때그때의 기분 그리고 자유관(거창한 단어를 두려워하지 말자.)도 어느 정도 영향을 미친다.

우리 모두가 일제히 착실하게 시간의 원칙에 복종하며 사는 것은 아니다. 뉴턴의 시간, 곧 절대적 시간이 존재한다고 굳게 믿으면서도 시간적 제약을 전혀 느끼지 않고 시계를 그다지 자주 들여다보지 않고도 살아갈 수 있다. 이를테면 사람들 중에는 아직도 절대로 손목시계를 차지 않는 사람들이 있다. 개중에는 물리학자들도 있다.

어쨌든 이제는 갈릴레이와 뉴턴이 고안한 수학적 시간으로 되돌아와서 그것이 어떻게 생겼는지 알아볼 차례이다.

4

시간을 **돌이킬** 수 있을까?

커브 길에서 직진하는 것은 빗변의 제곱으로
원의 지름을 구할 수 없는 것과 같다.

─피에르 다크[*]

시간은 직선으로 흐를까, 아니면 원처럼 돌고 도는 걸까?

처음으로 물리적 시간이 수식으로 표현되었을 때 시간은 1차원적 속성만 지니고 있다고 전제되었다. 날짜를 표시하는 데에는 하나의 시간이면 충분했기 때문이다.

시간을 하나의 연속적인 선으로 나타내는 것은 시간을 서로 한없이 가까운 순간들이 연이어 차례로 지나가는 흐름에 비유하는 것이다. 그것은 우리가 경험을 통해 사건들이 시간 속에

• • • •

피에르 다크(1893~1975) 샬롱쉬르마른 태생으로 프랑스 유머 작가이자 레지스탕스 지도자이다. 제2차 세계 대전 당시 독일군 점령기에 '라디오 롱드르'의 연설가 중 하나였다.

서 서로 겹쳐서 일어나면서 절대 끊기거나 빈 구멍을 만들지 않는 것을 깨달은 것처럼 시간은 오직 하나만 존재한다는 것을 의미한다. 시간이라는 덮개에는 아주 잠깐이라도 이탈을 허용하는 '구멍'이 존재하지 않는다. 참으로 안타까운 일이지만, 시간이 흐르지 않는 곳은 없는 것이다.(이 점에 대해서는 몇몇 시인들의 절규를 참고할 것.)

그렇다면 직선이 넓이가 존재하지 않는 점들이 모여 이루어진 것처럼, 지속된 시간은 지속됨이 없는 순간들이 모여 이루어졌을 것이다. 이렇게 시간을 형상화해 보면 희한한 의문이 생긴다. 하나의 점에서 선을 만들어 내자면, 하나의 순간에서 시간을 만들어 내자면 그 순간 하나로는 부족한 것이 있는데, 그것은 바로 시간이다! 현재는 저절로 또 다른 현재로 넘어가는 것이 아니기에, 일종의 '작은 모터'(시간 그 자체)가 하나의 현재 순간에서 다음의 현재 순간으로 지나가게 만들어야 한다.

만약 모든 것이 시간 안에 있다면 시간의 선은 시간의 바깥쪽 어느 공간에 그어져야 할까? 허공에 떠 있을까? 아니면 어떤 것에 기대어 있을까?

마지막으로, 무수한 점들이 하나의 선을 형성한다고 말할 수 있으려면 그 점들이 '동시에' 우리들 시선 아래 공존해야 한다. 사실 선은 자신의 외부에 위치한 관객에게만 선의 형태로 인지될 수 있다. 하지만 시간의 경우는 과거나 미래가 현재와 공존할 수 없다. 현재가 과거와 이어짐을 관찰하기 위해 우리가 현재로부터 빠져나올 수도 없다. 시간의 형태에 대해 말한다는 것은 시간에 대한 '관점'을 전제로 하는데, 우리는 그러한 관점을 가지고 있지 않다.

어쨌든 단 하나의 차원으로 이루어진 시간은 기하학적인 면에서 공간보다 훨씬 빈약한 위상을 지니고 있다. 공간은 기하학적으로 3차원이기 때문이다. 이렇게 시간을 형상화한 선은 열린 모양일 수도 있고 닫힌 모양일 수도 있다. 전자는 직선을 말하고, 후자는 원을 말한다. 따라서 두 가지 형태의 시간이 존재할 수 있다. 바로 일직선의 시간과 원형의 시간이다.

수세기 동안 시간이 원의 형태로 존재한다는 견해가 마치 황제처럼 군림했다. 원의 형태는 언제나 완벽함, 처음과 끝이 없는 형상, 흠 잡을 데 없이 조화로운 형상으로 통했다. 결국 시간이 무한대로 고리를 만든다는 생각(그 유명한 니체의 '영원 회귀' 사상)은 인류의 위대한 신화에서, 몇몇 종교에서, 스토아학파*나 피타고라스학파* 등의 철학 유파에서, 그리고 더 나중에는 니체의 철학에서 쉽게 우위를 차지하게 된다.

스토아학파는 세상이 멸망한다면 그것은 동등한 형태로 무한히 재생되기 위함이며, 우리가 '미래'라고 부르는 것은 되돌

시 간

넙죽

굽신

납죽

수세기 동안 시간이 완전무결한 원의 형태로 존재한다는 견해가 황제처럼 군림해 왔다.
정말 시간은 처음도 끝도 없는, 무한한 존재일까?

아올 과거에 지나지 않는다고 생각했다. 절대 아무것도 시간의 효과가 자아내는 것에 덧붙여질 수 없으며, 새로움이란 전혀 불가능했다. 모든 것이 애초에 결정되었으므로 운명이란 없고 단지 필연만 있을 뿐이다.

피타고라스학파의 영원회귀 사상은 천구의 회전과 계절의 리듬에 따라 만들어졌다. 격정적인 철학자 니체의 논리는 더욱 심대한 영향을 미쳤다. 니체는 시간의 형태에서 하나의 교훈을 끌어냈다. 즉, 좋은 것이든 나쁜 것이든 과거가 그대로 우리에게 되돌아와 모든 것이 영원히 재현되는 하나의 커다란 주기를 형성하게 된다면, 따라서 이미 겪은 삶을 다시 살게 되는 것이라면, 우리는 미래에 일어날 일을 피동적으로 받아들이기보다는 오히려 미래를 적극적으로 껴안으며 살게 될 것이다.

영원회귀의 개념이 철학에서 큰 명성을 얻은 것은 놀라운

● ● ● ●

스토아학파 기원전 2세기 초에 제논이 창시한 그리스 철학의 한 학파. 윤리학을 중요하게 다루었고, 유기적 유물론 또는 범신론의 입장에서 금욕과 금기를 통하여 자연에 순종하는 현인의 생활을 이상으로 내세웠다. 후에 로마의 철학자 세네카 등이 이를 완성하였다.
피타고라스학파 기원전 5세기부터 기원전 4세기까지 피타고라스와 그의 철학을 계승하여 활동하였던 학파. 영혼 불멸과 윤리를 믿었고, 수(數)를 만물의 기원으로 보았으며, 기하학과 천문학 발달에 공헌하였다.

일이다. 사실, 면밀히 살펴보면 같은 주기가 영원히 반복될 수 있다는 생각은 모순임을 알 수 있다. (그냥 한번 보기 위해) 그것이 가능하다고 인정해 보자. 두 가지 가능성이 있을 수 있다. 먼저 한 번 겪은 주기를 다시 경험할 때 이미 일어났던 것을 기억하게 된다면, 이전의 주기가 그대로 반복되었다기보다는 그것의 '변형'이 생겼다고 볼 수 있다. 우리가 다시 겪는 것이 더 이상 새롭지 않기 때문이다.

두 번째 가능성은 새로운 주기가 시작될 때마다 카운터 바늘이 0에 놓이는 것이다. 즉, 매 주기가 바로 이전의 주기를 잊어버리고 다음에 올 것을 인식하지 못하는 유일하고 새로운 사건처럼 반복된다. 이 경우에도 진정한 회귀는 아니다. 왜냐하면 그것을 겪는 사람이 그 주기를 다시 경험할 뿐이라는 사실을 모르기 때문이다. 단순한 반복이 아니라 변화가 있으려면 우연과 비예측성이 매번 필요하며, 그래야만 이전의 주기와 다르게 된다. 다시 말해서 반복될 때마다 차이를 주입해야 한다. 똑같은 반복을 막아야 하는 것이다.

기억의 개입 여부와는 상관없이 반드시 떠오르는 이런 문제들도 영원회귀 신화의 '명성'을 무너뜨리기에는 충분하지 못했다. 아이러니하게도 영원회귀는 우리들의 추억의 대화에 '영원히 떠올려지기'를 즐긴다. 시간이 흐름에 따라 뿔뿔이 흩

어져 버리는 사물들의 기원을 그것을 통해 되찾기를 바라는 것이다. 그러나 몇몇 현상들이 반복된다고 해서 시간 자체가 반복되는 것은 아니다. 다시 말해 시간 '안에' 계절 같은 주기들이 존재한다고 해서 시간 자체가 반드시 순환해야 하는 것은 아니다. 게다가 시간이 꼭 자신이 내포하는 현상들의 고유한 특성을 띠는 것도 아니다.

물리학자들은 인습 타파주의자들로서 **인과 법칙**에 따른 순환적인 시간보다는 직선 형태의 시간을 채택하였다. 인과 법칙은 여러 개의 사건을 정리하기 위한 방법이다. 전통적 정의에 따르면, 한 현상의 원인은 반드시 그 현상이 일어나기 이전에 있었다고 가정한다. 이렇게 필연적이고 강압적인 순서는 시간 여행을 불가능하게 만든다. 시간 여행을 할 수 있다면, 이미 일어난 사건들을 부분적으로 수정하기 위해 과거로 돌아갈 수 있을 것이기 때문이다.

반면에 순환적인 시간에서는 미래를 향해 나아가는 것이 과거로 되돌아가는 것과 마찬가지이며, 변화는 원점으로 되돌아가 모든 것을 재현시키고, 우리가 원인이라고 부르는 것이 결과가 될 수도 있고 결과라고 부르는 것이 원인이 될 수도 있다. 그렇다면 희한한 일들이 초래될 수 있을 것이다.

한 인간이 과거에서 자신을 세상에 태어나게 만든 원인들,

예를 들면 어머니가 아버지와 만나게 되는 일 같은 일들을 곁에서 지켜보게 될 수도 있다. 어쩌면 어머니나 아버지가 사고로 죽는 일도 생길 수 있다. 순환적인 시간에서는 이런 모순도 가능하다. 하지만 직선적인 시간에서는 불가능하다. 직선 형태의 시간 속에서는 사건들이 돌이킬 수 없는 시간적 순서에 맞춰 연이어 일어나기 때문이다.

우리는 시간 속에서 그리고 공간 안에서 존재하며 그 둘에서 분리될 수 없기에 종종 시간과 공간을 서로 연관시켜 설명하곤 한다. 하지만 알아차렸는가? 방금 우리는 시간과 공간의 주요한 차이를 발견했다. 우리는 우리 마음대로 공간 내부에서 (원칙상) 어느 방향으로든지 왔다 갔다 할 수 있고 이동할 수 있지만, 시간 안에서는 이동할 수 없다. 따라서 공간은 우리에게 자유를 주는 곳이지만, 시간은 우리들 삶을 가두어 놓는다.

파스칼이 말한 것처럼 우리는 시간에 '붙잡혀 있는' 것이다. 자유로워지고 싶지만 모든 탈출 시도는 예외 없이 실패하게 되어 있다. 우리에게 자유(만약 우리에게 자유가 존재한다면)는 달콤하기는커녕 우리를 끌어당기는 중력처럼 버겁기만 하다.

우리는 현재에 얽매여 있어서 그 밖으로 옮아갈 수 없다. 그래서 아무리 주름살 방지 크림을 발라도 나이를 거슬러 올라갈 수는 없으며, 공간 이동을 하면 반드시 시간을 잡아먹게 돼 있다. 즉 공간이 왕복행이라면 시간은 편도행이다.

인과 법칙은 '같은 원인에는 같은 결과가 따른다.'는 또 다른 의미로 이해되기도 한다. 곧, 어떤 현상들은 그 원인이 되풀이되어 일어난다면 그대로 재현될 수 있다는 얘기다. 인과 관계 때문에 시간이 순환될 수는 없지만, 시간의 직선상에 놓인 사건들은 각기 다른 순간에 똑같이 재현되어 반복될 수 있다.

반박의 여지가 아주 없는 것은 아니지만, 이런 인과 법칙 때문에 때로는 역사가 '처음부터 다시 시작되며' 흉년 뒤에 풍년이 오고(거꾸로일 수도 있다.) 산악인들이 정상을 밟으면서 (거의) 매번 똑같은 즐거움을 느낄 수 있는 것이다. 게다가 수많은 대중가요 노랫말들에서 사랑이 대부분 해피엔딩이 아닌 것도 이와 무관하지 않은 듯하다. 이런 의미에서 인과 관계는 같은 일이 자동적으로 되풀이됨을 보증해 주기도 한다.

이렇게 시간의 선형성을 받아들이게 되면 새로운 관점의 세계가 열린다. 시간이 직선적인 것이 되면 새로운 일들이 출현할 수 있게 된다. 선형적 시간 속에서 일어나는 사건들은 모두 유일무이한 것이 되므로, 당연히 새로울 수밖에 없는 미래로 손을 내밀게 된다. 말더듬이처럼 반복되는 시간의 순환에서 깨끗이 벗어나게 된다.

이제 미래는 모험이자 새로운 발명이 된다. 이전의 세계는 언제나 진부한 말들뿐이었고, 동일한 패턴의 지겨운 반복이었다. 하지만 이제는 역사적인 일들이 발생하며 새로운 것들이 계속해서 나타나게 되고 창조력을 불러일으키는 자유의 세계가 발명된다.

시간은 고리를 만들지도 않으며 획기적인 일들을 연속해서 내놓지도 않는다. 앞만 보고 직진할 뿐이다. 바삐 지나가는 일 초 일 초가 직선으로 쉬지 않고 행진하며 완벽한 원을 조금씩 갉아먹으며 풀려 나가는 것이다.

정말 시간 여행을 할 수 있을까?

우리가 멍청할는지는 몰라도 즐겁겠다고 여행할 정도로 멍청하지는 않아.

—사무엘 베케트

시간은 분명 감옥이다. 갇혀 있기를 좋아하는 사람은 아무

● ● ●

사무엘 베케트(1906~1989) 아일랜드 태생의 프랑스 극작가. 1953년에 초연된 부조리극 『고도를 기다리며』로 유명해졌으며, 주로 인간 존재의 절망을 다루었다. 1969년에 노벨 문학상을 받았다. 작품에 소설 『몰로이』, 희곡 『승부의 끝』, 『오, 아름다운 나날』 등이 있다.

도 없다. 그래서 우리는 중앙선을 가로질러 마음껏 산책도 해 보고 싶어 하고 현재의 저편을 넘나들어 보고 싶어 한다. 곧, '시간 속을 여행해' 보고 싶어 한다.

그렇다면 시간 여행이란 정확히 어떤 것을 말하는 것일까? 시간 여행에는 어떤 뜻이 담겨 있을까?

단지 젊어지고 싶은 꿈이 담겨 있는 것일까? 아니면 행복했 던 순간을 되살리고 저세상 사람이 된 가족들을 되찾을 수 있 는 걸까? 나이가 변하지 않고 시대를 바꾸는 것뿐일까? 아니면 시대는 바뀌지 않는데 나이만 변하는 걸까? 단순히 영화관에 서 영화를 관람하듯이 과거와 미래를 수동적으로 관찰하게 되 는 것뿐일까? 역사의 시간에서 개인의 시간이 뚝 떼어져 나와 '시간적으로 이동되는' 것일까? 아니면 시간 여행을 통해 역사 적 현실을 변화시키고 기록이든 경험이든 모든 것을 바꿀 수 있는 걸까?

많은 공상 과학 소설 작가들이 이런 다양한 가능성을 주제 로 글을 썼고, 그 탓에 종종 눈에 확 뜨일 만큼 얼토당토않은 내용들도 만들어지곤 한다. 그래서 우리는 물리학자들에게 시 시때때로 위와 같은 질문을 던지는 것이다.

이 오래된 질문에 현대 물리학은 뭐라고 대답할까? 직관이 나 일상의 경험과 마찬가지로 시간 여행은 근거 없는 환상이라는 것이 그들의 답이다. 이럴 때는 장황하게 설명하는 것보다 랭보*의 산문시 「지옥에서 보낸 한 철」의 짤막한 구절을 인용하는 것이 더 효과적이다. '우리는 떠나지 않는다.'

물리학자들은 '우리는 떠나지 않는다.'고 말하기 위해 다시 한 번 인과 법칙에서 그 논거를 찾는다. 그들은 나름대로 모든 사건이 시간 안에서 제 위치가 정해져 있으며, 현상들이 임의의 순서로 발생하는 것은 아니라고 확신한다. 이러한 인과 법칙은 다양한 방식으로 물리학 이론에 적용되었다.

고전 물리학*에서는 우리가 앞에서 본 것처럼 시간은 직선 형태이기 때문에 미래를 향해 나아가면서 과거로 되돌아갈 수는 없다고 추정하는 데 그친다. 그러나 특수 상대성 이론*에

• • •

아르튀르 랭보(1854~1891) 프랑스의 상징파 시인. 한때 폴 베를렌과 깊은 관계를 맺은 것으로 유명하다. 과감한 생략법과 난해한 문체를 구사하여 근대시에 큰 영향을 미쳤다. 대표적인 작품으로 『일뤼미나시옹』, 「지옥에서 보낸 한 철」 등이 있다.

고전 물리학 20세기 초반까지의 물리학을 말한다. 갈릴레이의 물체 운동론의 맥을 이은 뉴턴 역학과 J. C. 맥스웰의 전자기학을 바탕으로 한 이론 체계이다. 공간과 시간을 절대화해서 관측자와는 독립하여 객관적으로 존재하는 범주로 보고, 그 전제 아래 모든 물리 현상을 거시적으로 다룬 학문이다.

특수 상대성 이론 1905년 알베르트 아인슈타인이 제안한 이론으로 이 이론과 $E=mc^2$이라는 공식에 대해서는 이 책과 같은 시리즈인 『상대성 이론이란 무엇인가?』를 참조하라.

이르면 기존의 공간과 시간에 대한 개념이 무너지게 된다.

아인슈타인의 이론에서 속도는 절대적인 양이 아니며 **기준좌표계**(한 사건의 위치를 파악하고 날짜를 정할 수 있는 공간과 시간의 좌표계)에서 독립된 것이다. 그래서 괘종시계가 공간에서 빠른 속도로 움직일 경우, 정지된 관찰자에게는 시곗바늘이 움직이는 속도가 더 느려지는 것처럼 보인다. 이렇게 '괘종시계의 바늘이 느리게 움직이는 것처럼 보이는 현상'은 바로 시간의 상대적 탄력성을 보여 준다.

이런 현상은 높은 대기 중 우주선(宇宙線)에 의해 자연적으로 생기는 질량이 큰 전자의 일종인 뮤온˚처럼 불안정한 소립자들에서 흔히 관찰할 수 있다. 소립자들의 수명, 즉 우리가 보기에 휴지기로 측정되는 시간은 백만 분의 몇 초밖에 되지 않는다. 그런데 상대성 이론은 하나의 뮤온이 생성되고 소멸되기까지 측정된 시간은 뮤온이 공간 속의 같은 지점에서 태어나고 죽어야만 뮤온 고유의 수명과 일치한다고 예상했고, 이와 같은 사실은 실험에서도 증명되었다.

● ● ●

뮤온 여기서 우주선(宇宙線)이란 우주에서 지구로 끊임없이 쏟아지는 매우 높은 에너지의 입자들을 말하는데, 이 우주선이 지구 대기권으로 들어올 때 대기 상층부의 입자들과 충돌하는 과정에서 뮤온을 비롯한 입자들이 만들어진다.

다시 말하면 뮤온의 고유 수명에 관한 위의 이야기는 뮤온이 관찰자와 비교해 움직이지 않는 상태여야만 성립된다. 그렇지 않으면 뮤온의 실제 수명, 그러니까 뮤온이 공간 내에서 움직이는 거리는 뮤온이 지니는 에너지, 또는 같은 이야기지만 뮤온의 속도에 달려 있다. 빨리 움직일수록 수명이 더 오래 지속된다. 그리고 속도가 광속에 가깝다면 고유 수명보다 훨씬 더 오래 존재할 수 있다.

이렇게 특수 상대성 이론에서 시간과 공간은 서로 밀접하게 관련되어 있다. 시간과 공간은 물리학자들이 '시공간'이라고 부르듯이 '함께' 생각되어야 한다. 이런 특수 상대성 이론은 이를테면 광속처럼 매우 빠른 속도로 움직이는 물체의 변화를 기술할 때 매우 효율적이다.

그러면 여기서 인과 법칙은 어떻게 적용될까? 특수 상대성 이론에 따르면, 진공 상태에서 광속보다 더 빠른 속도에 이르면 에너지 혹은 정보가 전달되지 않는다. 그리고 방정식 계산에 따르면, 광속보다 더 빨리 움직여야 시간의 흐름을 거슬러 올라가게 된다고 추정된다. 따라서 시간 여행은 물론이고 사건의 발생 순서가 뒤바뀌는 일 등은 절대로 일어날 수가 없다.

특수 상대성 이론에 따르면, 우주에서 우리가 천체 물리학적으로 관찰할 수 있는 지역 전반, 즉 어떤 방식으로든 우리에

특수 상대성 이론에 따르면, 시간 여행도 사건이 뒤바뀌어 일어나는 일도 절대로 있을 수 없다.

게 영향을 미칠 수 있는 지역의 범위는 제한될 수밖에 없다. 이 지역은 곧 우리에게 '기원을 알려주는 과거'가 된다. 하지만 그 지역을 넘어서는 곳에 대해서는 전혀 알 수가 없다.

예를 들어 우주의 나이가 150억 년이라면 우리는 300억 광년 떨어진 은하계에 대해서는 전혀 알 도리가 없다. 그 은하계의 빛이나 외부로 발할 수 있는 그 밖의 신호가 우리에게 도달할 시간이 없었기 때문이다. 결국 '지평선', 곧 가상의 경계선이 존재하며, 그 선 너머에서 무슨 일이 일어나는지는 알 길이 없다.

소립자 물리학에서는 인과 법칙이 더욱 민감한 문제가 된다. 크기가 아주 작으면서 속도가 어마어마하게 빠른 물체들을 기술해야 하는데, 그 속도가 거의 광속에 가깝기 때문이다. 따라서 분자 물리학에서는 크기가 지극히 작은 물체들을 취급하는 '양자' 물리학과 속도가 지극히 빠른 물체들을 취급하는 상대성 이론을 성공적으로 결합시켜 방정식을 만들어야 한다. 자칫 방정식 계산에 주의하지 않으면 한 소립자의 소멸이 시간적으로 생성에 앞서는 상황을 나타내는 계산 결과가 얻어질 수 있기 때문이다! 게다가 그런 상황을 인정하면, 시간의 흐름이 존재하는 것마저 부인하는 격이 되고 만다.

그래서 방정식에 한 소립자의 생성이 반드시 소멸에 앞서도록 보정하는 수학 규칙을 추가함으로써 그런 상황이 벌어지는 것을 막는다. 그러면 '시간의 흐름을 거슬러 올라간다.'고 기술된 새로운 소립자들이 필연적으로 존재한다는 것을 계산을 통해 볼 수 있다.(기존에 알려진 소립자들과 달리 음의 에너지를 지닌 소립자들은 시간이 거꾸로 흐르는, 곧 미래에서 과거로 흐르는 개체들과 수학적으로 동등한 것으로 나타난다.)

그렇다면 이 '시간의 흐름을 거슬러 올라가는 것'은 도대체 무엇을 의미할까? 그것을 정말 아는 사람은 없다. 따라서 시간에는 명확히 정해진 흐름이 있고, 이 흐름은 모든 소립자들에게 똑같이 적용된다고 막연히 추정하는 편이 오히려 낫다. 그렇게 되면 시간을 거슬러 올라가는 것처럼 보이는, 음의 에너지를 가진 소립자들은 시간의 정상적인 흐름을 따르는 양의 에너지를 지닌 정상적인 입자들의 반입자들로 재해석될 수 있다.

영국의 물리학자 폴 디랙˚은 이런 반입자들의 존재를 1930년대부터 예견했는데, 오늘날 이 입자들이 존재한다는 사실은 잘

• • • •

폴 디랙(1902~1984) 모순이 있는 것처럼 보이는 상대성 이론과 양자론을 통합한 '변화 이론'을 전개하였으며, 디랙 방정식이라는 상대론적 파동 방정식을 세워 양전자의 존재를 예견하였다. 양자 역학에 대한 연구 업적으로 1933년 슈뢰딩거와 함께 노벨 물리학상을 받았다.

알려져 있다. 그 반입자들이 모여 바로 우리가 반물질이라고 부르는 것을 형성한다.

지금까지 이야기한 내용을 한 문장으로 요약하면 다음과 같다. '존재한다는 사실이 확실히 규명된 반물질이야말로 시간이 존재하며 한 방향으로 흐른다는 사실을 뒷받침하는 물질적(더 정확히 말해서 '반물질적인') 근거이다.'

이런 물리학적 논증은 우리가 직감적으로 아는 것처럼 세상을 돌이킬 수 없도록 한 방향으로 변화시키는 그 '무엇'이 존재한다는 사실을 움직일 수 없는 진리로 만들어 준다.

더 읽어 볼 책들

- 가스통 바슐라르, 이가림 옮김, 『**순간의 미학**』(영언문화사, 2002).

- 성 아우구스티누스, 김기찬 옮김, 『**고백록**』(현대지성사, 2000).

- 스티븐 호킹 · 로버트 펜로스, 김성원 옮김, 『**시간과 공간에 관하여**』(까치글방, 1997).

- 엠마뉘엘 레비나스, 강영안 옮김, 『**시간과 타자**』(문예출판사, 1996).

옮긴이 | 이수지

숙명여대 불문과 재학 중 프랑스로 유학, 파리 5대학에서 언어학 박사 과정을 수료했다. 현재 전문 번역가로 활동 중이다.

민음 바칼로레아 38

시간은 존재하는가?

2판 1쇄 펴냄 2021년 3월 30일
2판 5쇄 펴냄 2024년 8월 8일

1판 1쇄 펴냄 2006년 7월 31일
1판 3쇄 펴냄 2013년 9월 19일

지은이 | 에티엔 클렝
감수자 | 김기윤
옮긴이 | 이수지
발행인 | 박근섭
펴낸곳 | ㈜민음인

출판등록 | 2009. 10. 8 (제2009-000273호)
주소 | 06027 서울 강남구 도산대로 1길 62 강남출판문화센터 5층
전화 | 영업부 515-2000 **편집부** 3446-8774 **팩시밀리** 515-2007
홈페이지 | minumin.minumsa.com

도서 파본 등의 이유로 반송이 필요할 경우에는 구매처에서 교환하시고
출판사 교환이 필요할 경우에는 아래 주소로 반송 사유를 적어 도서와 함께 보내주세요.
06027 서울 강남구 도산대로 1길 62 강남출판문화센터 6층 민음인 마케팅부

ISBN 979 11-5888-800-8 04000
ISBN 979 11-5888-823-7 04000(set)

㈜민음인은 민음사 출판 그룹의 자회사입니다.